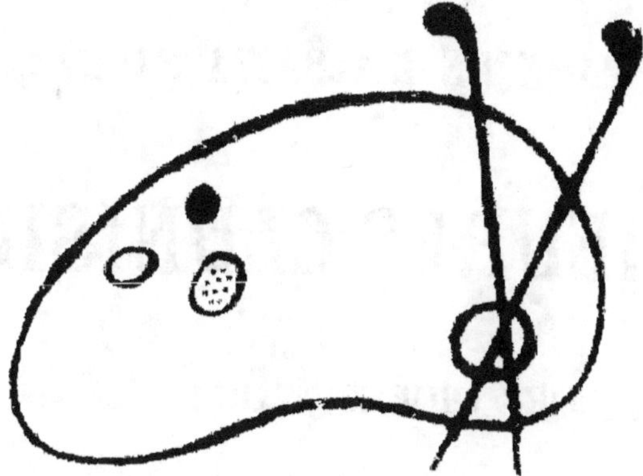

Détail d'une série de dispositifs
en couleur

UNE PAGE DE L'ALSATIA SACRA :

LES PRIEURÉS CLUNISIENS

DES DIOCÈSES DE

BALE ET DE STRASBOURG

PAR

A. M. P. INGOLD

ANCIEN BIBLIOTHÉCAIRE ET ARCHIVISTE DE L'ORATOIRE.

RIXHEIM
F. Sutter & Cⁱᵉ

PARIS
Alph. Picard, rue Bonaparte, 82

1893

EXTRAIT DE LA *REVUE CATHOLIQUE D'ALSACE*

TIRÉ À 300 EXEMPLAIRES.

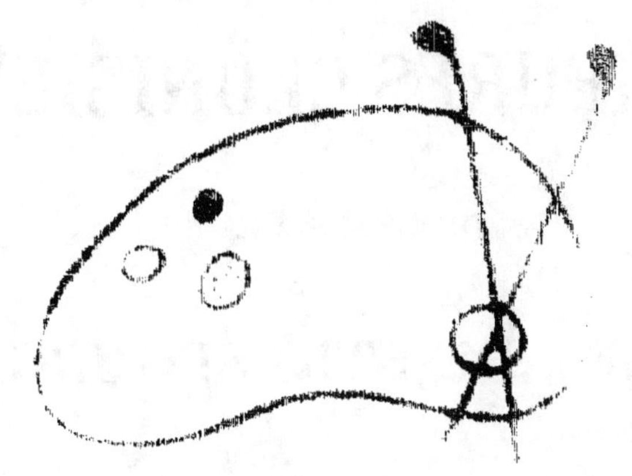

UNE PAGE DE L'ALSATIA SACRA :

LES PRIEURÉS CLUNISIENS

DES DIOCÈSES DE

BALE ET DE STRASBOURG

PAR

A. M. P. INGOLD

ANCIEN BIBLIOTHÉCAIRE ET ARCHIVISTE DE L'ORATOIRE.

RIXHEIM
F. SUTTER & Cⁱᵉ

PARIS
ALPH. PICARD, rue Bonaparte, 82

1893

LES PRIEURÉS CLUNISIENS

DES DIOCÈSES DE BALE ET DE STRASBOURG.

Reprenant un dessein de notre grand Schœpflin [1], la *Société industrielle de Mulhouse*, à l'initiative généreuse et éclairée de laquelle nous devons les meilleurs travaux d'érudition alsacienne parus de nos jours [2], a mis au concours une « *Alsatia* « *sacra* sur le plan de l'*Helvetia sacra* de feu M. Fr.-E. de « Mülinen, contenant le catalogue chronologique des évêques « de Strasbourg et de Bâle, celui des prévôts des collégiales, « celui des supérieurs des maisons religieuses d'hommes et de « femmes, autonomes ou dépendantes, existant ou ayant existé « en Alsace jusqu'à la Révolution... » [3] Je suis heureux de pouvoir profiter de l'hospitalité de la *Revue catholique d'Alsace* pour annoncer que j'ai entrepris ce travail, et pour faire un appel à tous ceux qui s'occupent de l'histoire religieuse de notre pays. Cette œuvre, qui sera à l'honneur des églises de Strasbourg et de Bâle, ne pourra être menée à bonne fin que grâce au bienveillant concours de tous : je n'aurais jamais osé l'entreprendre si je n'y avais absolument compté.

Aujourd'hui, comme spécimen de ce travail, nous publions quelques notes sur les *prieurés de Cluny en Alsace*. Cette page de l'*Alsatia sacra* a été choisie, entre plusieurs autres, par un

[1] Cf. Schœpflin-Ravenèz I, p. 19 et note 33.

[2] Nous croyons pouvoir citer entre les travaux de M. le chanoine Hanauer et de MM. Mossmann, dont les « Lettres des prieurés à Paris récent...

[3] Programme des prix proposés par la Société industrielle de Mulhouse, 1893, page 46.

motif particulier que je demande la permission de faire connaître. Un savant religieux, dont le souvenir n'est pas perdu en Alsace, dom Mayeul Lamey, a courageusement entrepris la restauration de la congrégation bénédictine de Cluny. Il est secondé, dans cette vaillante entreprise, par un groupe de jeunes bénédictins, tous originaires d'Alsace. L'un d'eux, dom Et. Siffert, a donné récemment dans la seconde des revues que publie et imprime la congrégation nouvelle, le *Monologium cluniacense* [1]), la *Liste des prieurés de l'ordre de Cluny en Alsace* [2]), et il y demande « aux personnes s'intéressant à ces questions » des additions et des rectifications. C'est à cet appel que je réponds, heureux de donner un témoignage, auquel s'associeront tous nos confrères d'Alsace, d'admiration et de sympathie pour la belle œuvre si heureusement commencée par D. Lamey et ses moines ; heureux de leur faire aussi, au nom de tous, le souhait de l'Apôtre : « *Vos... Dominus multiplicet et abundare faciat charitatem...* »

*   *   *

On ne dira rien ici [3]) de l'origine de Cluny que tout le monde connaît [4]). Ce célèbre monastère n'avait guère plus d'un demi-siècle d'existence quand un premier essaim de moines clunistes vint construire une ruche en Alsace. Nous allons successivement, selon l'ordre chronologique des fondations [5], faire un rapide historique de chacune des maisons clunisiennes d'Alsace et donner la liste des prieurs [6]).

---

[1]) Tome Ier, n° 3. — L'autre revue publiée par les moines de D. Lamey, le *Proslogium Cluniacense*, est consacrée aux sciences, à l'avancement desquelles la jeune congrégation se destine spécialement, mais non exclusivement. De remarquables travaux astronomiques ont déjà classé, si je puis m'exprimer ainsi, les bénédictins de Cluny et de Grignon en bon rang parmi les savants. Cf. les comptes-rendus de l'Académie des sciences.

[2]) Cette liste, très sommaire, n'a que deux pages.

[3]) Dans l'ouvrage définitif cependant, chaque maison religieuse, outre le sommaire historique de sa propre existence, sera précédée d'une notice sur l'ordre auquel elle appartenait.

[4]) On trouvera de courts mais substantiels renseignements sur Cluny dans l'ouvrage tout récent de dom Baumann, *Johannes Mabillon, ein Lebens- und Literaturbild* (Augsburg, 1892), p. 86 et sq.

[5]) Dom Siffert a adopté dans sa liste une classification d'après l'importance des prieurés. Mais comme il le remarque fort bien, cette importance est difficile à apprécier, et j'ai préféré une classification moins artificielle.

[6]) Toujours sur le plan de l'*Helvetia sacra*, de Müllner.

I.

Saint-Pierre de Colmar et Saint-Gilles.

Le prieuré de Saint-Pierre à Colmar est la plus ancienne
colonie clunisienne en Alsace. *Fiscus regius* carolingien, qui
avait lui-même succédé à un établissement plus antique dont
l'origine se perd dans la nuit des temps [1], le domaine de
Saint-Pierre avait été partagé, au X° siècle, entre l'Église de
Constance et l'abbaye de Payerne, en pays de Vaud, de l'ordre
de Cluny [2]. Payerne venait d'être fondé (vers 960) par la pieuse
reine Berthe [3] et l'impératrice Adélaïde, sa fille, quand il fut
doté [4] de l'*Oberhof* de Colmar qui devenait ainsi un prieuré
clunisien.

Peu de renseignements sur les premiers temps de l'histoire
de ce prieuré nous sont parvenus. En 1185, Frédéric Barbe-
rousse, de passage à Colmar, y rend une sentence en faveur
des moines de Saint-Pierre [5]. En mai 1251 les bâtiments du
prieuré sont détruits par un incendie mais reconstruits peu
après au moyen de dons [6], ainsi que l'église qui n'avait pas
survécu au sinistre [7].

Cette église était très petite et avait trois clochers. En 1336,
elle fut de nouveau démolie et reconstruite [8]. En 1524 un certain
prédicateur Jean, prêtre auxiliaire à Saint-Pierre et partisan
des idées nouvelles, chercha à les répandre dans la ville. Ce
qui y occasionna des troubles et presqu'une guerre civile [9].

[1] Cf. une note de M. Ingold père, dans le *Bulletin de la Société
pour la conservation des monuments historiques d'Alsace*, 1892, n° 4, p. 17.
[2] J. Six, Mémoires des RR. PP. Jésuites du collège de Colmar. Pré-
face de M. Mossmann, p. VIII.
[3] Qu'on a confondue quelquefois avec Bertrade, la mère de Charlemagne.
[4] En 977, selon F. Chauffour, *Notice sur Colmar*, p. 45; et après
lui Foll, *Souvenirs du Vieux Colmar*, p. 23—26.
[5] Baquol, 3° édition, p. 11.
[6] Sig. Billing's *Kleine Chronik der Stadt Colmar*, p. p. M. Waltz, p. 11.
[7] Quoi qu'en dise Chauffour, *op. cit.*, 45. Cf. *Archives de Colmar*,
Propr. communales, DD, G 4.
[8] Encore dans d'assez petites dimensions, bien que toujours avec trois
tours. (Cf. la *Vue de Colmar* dans Mérian), car elle n'était plus assez
grande, en 1740, « pour contenir les personnes qui viennent chez nous »,
disent les Jésuites dans leurs *Mémoires* (p. 120).
[9] Cf. Hartfelder, *Zur Geschichte des Bauernkrieges in Süddeutsch-
land*, p. 102.

Vers 1570 surgit une compétition entre l'évêque de Maurienne,
appuyé par le duc de Savoie [1]), qui voulait imposer un nouveau prieur, et le magistrat de Colmar qui défendait le prieur
existant « lequel desservait Saint-Pierre depuis près de qua-
rante ans d'une manière digne d'éloges » [2]). De crainte d'être
dépossédé, le vieux prieur, Jean Chevrodi, « implora le secours
des Bernois. Il leur écrivit que comme ils possédaient déjà le
monastère principal [3]), il résignerait également entre leurs mains
la filiale, c'est-à-dire le prieuré de Saint-Pierre, pourvu qu'ils
lui en garantissent, pour le reste de ses jours, la tranquille
possession. Les Bernois s'empressèrent d'accepter. Cela fait, le
magistrat de Colmar, écrivant aux Bernois, leur remontra l'in-
commodité qu'il y aurait pour eux à conserver le susdit prieuré
et les engagea à le vendre à la ville de Colmar. Les Bernois
y consentirent. Il fut convenu entre les parties que la ville de
Colmar paierait, dans le délai d'une année [4]), la somme de
27,000 florins, et c'est ainsi que le prieuré de Saint-Pierre
passa aux mains des Colmariens » [5]). Tout cela n'était rien
moins que légitime, et l'on comprend que les Clunistes durent
protester énergiquement contre cette façon quelque peu sommaire de les éliminer [6]) de leur prieuré de Saint-Pierre. Malgré leurs revendications, qui durèrent de 1629 à 1646 [7]), les
Clunistes ne purent rentrer en possession du prieuré dont

---

[1]) Payerne et ses filiales, par une bulle de Jules II, avait été uni à la
mense du doyen de la Sainte-Chapelle de Chambéry. Cf. de MÜLINEN,
Helvetia sacra, I, 136.

[2]) SÉE, op. cit. 162. C'est cependant ce même prieur qui avait été
mandé, en 1588, à se justifier de l'accusation d'homicide. (*Registrum titulorum et documentorum ad Prioratum Divi Petri spectantium 1776. Man-
data,* 4. Mss. de la collection de M. Ingold.

[3]) Payerne, dont ils s'étaient emparés après la Réforme.

[4]) L'*End-Quittung* de la ville de Berne n'est datée que de 1577. (*Registrum titulorum et documentorum ad Prioratum divi Petri spectantium.*
— Pour plus de commodité nous citerons désormais cet inventaire sous
le titre : Registrum 1776.) Le contrat de vente se trouve aux archives du
Haut-Rhin, cart. Saint-Pierre n° 4. — Pour simplifier nous désignerons
désormais ces archives par les lettres BAC (Bezirksarchiv Colmar).

[5]) SÉE, op. cit., p. 161—162. Toute cette affaire fut cependant plus
compliquée que ce récit ne pourrait le faire croire. Voyez deux curieux
articles de feu M. Mossmann dans le *Bulletin du musée historique de
Mulhouse,* 1887 et 1890.

[6]) « *Tam injuste quam violenter* », disait exactement l'abbé de Cluny
(BAC, cartons du prieuré de Saint-Pierre, n° 4).

[7]) L'abbé de Cluny, Jacques d'Arbouze, avait chargé l'abbé Martin
d'Ebersmünster de ses revendications. (Ibid.) Cf. aussi BILLING-WALTZ,
p. 119.

l'église en 1658 fut affectée au culte protestant [1]. Fermée en 1679, elle fut donnée, avec le prieuré et tout ce qui en dépendait, aux Jésuites d'Ensisheim, vers la fin du XVIIe siècle [2]. On a, dans le *Diarium* que nous avons déjà cité [3], l'histoire complète de Saint-Pierre sous la direction de ses nouveaux possesseurs [4]. Le même ouvrage renseigne également sur les biens du prieuré [5] et leurs différentes vicissitudes [6].

Parmi ces possessions il faut citer en première ligne Saint-Gilles qui, à certains moments, tout en restant sous la dépendance de Saint-Pierre, jouit de quelqu'autonomie, avec des prieurs distincts.

Liste des prieurs de Saint-Pierre [7].

Hezelin [8]. 1094—1105 [9], Grandidier, *Hist.*, II, 159 et 163.
Pierre, 1147, Tr. I, 327.
Siphrid, 1226, BAC, Saint-Pierre, 1 et Schœpflin, *Als. dipl.*, I, 356.
Pierre, 1252, Archives de Colmar [10], propriétés communales, 193.
Jean, procureur, 1269—70, ib.

[1] KRAUSS, *Kunst und Alterthum im Ober-Elsass*, 273; Tr. I, App. p. 199, qui cite le discours prononcé à cette occasion par le frère Sénior Jacobo Haasen. Cf. aussi CHAUFFOUR, 17.

[2] En 1698. L'église avait été reconciliée le 29 juin (*Chronique de* JONER, p. 62). Cf. TROUILLAT. *Monuments de l'ancien évêché de Bâle*, V, 87. — Pour abréger nous désignerons désormais cet ouvrage, qui est lui même un monument, par ces deux lettres Tr.

[3] Page 5, note 2.

[4] Rappelons seulement que les Jésuites y établirent un collège. En 1721 ils reconstruisirent les bâtiments; de 1712 à 1750 l'église. Cf. KRAUSS, op. laud., qui cite quatre inscriptions.

[5] Le prieur de Saint-Pierre, ou son *locum tenens*, fut, à diverses époques, collateur des cures de Soulzbach, Hausen, Wasserbourg, Ammerschweyer, Durlinsdorff, Sundersdorff, etc.

[6] Cf. aussi *Ein Handel Ludwig's XIV. mit der Stadt Colmar*, par le Dr Pfannenschmied, le savant et très obligeant directeur des Bezirksarchiv de Colmar, dans la *Revue nouvelle d'Alsace-Lorraine*, 8e année, p. 249.

[7] Je ne mentionnerai dans cette liste que les prieurs (ou à leur défaut les autres fonctionnaires, ceux-ci toujours avec leur qualification) vraiment colmariens: très souvent les prieurs de Payerne se réservèrent le titre de prieurs de Colmar.

[8] Ou Hezelon.

[9 et 10] Cette seconde colonne contient, non les dates de nomination ou de la mort (sauf exception indiquée), mais les dates extrêmes sous lesquelles se trouvent mentionnés ces divers personnages, dans les sources indiquées dans la troisième colonne.

[11] Pour abréger, j'indiquerai désormais les archives municipales de Colmar par les lettres AC.

Pierre, 1277, ib.

Pierre, prieur de Rougemont en-Vaud, procureur, 1281, ib.

Gérard, procureur, 1287, ib.

Pierre, 1294, ib.

Sigfried Küssepfenning, administrateur puis prieur, 1312—13, AC et Registrum 1776 (au mot *Recognitiones*).

Guy, prieur de Saint Gilles et procureur de Saint-Pierre, 1317—18, AC et BAC, Saint-Pierre, 2.

Étienne, custos, 1321, AC.

Guillaume de Falon, moine de Saint-Alban, administrateur, 1342—48, AC et BAC, ib.

Jean, prieur, entre 1350—1370 [1]), AC.

Pierre de Lauffen, administrateur, 1363, AC.

Jean, prieur de Saint-Ulrich (Forêt-Noire) et administrateur, 1374, AC.

Pierre de Lauffen, custos puis prieur, 1356—1392, AC.

Conrad Ramung, receveur, 1391.

Nicolas Sweib, sacristain, 1395—1401, AC.

Sigfried de Sundhofen, régisseur, 1398, AC.

Guillaume de Treyvaux [2]), 1402, Billing, p. 43 et AC.

Nicolas, custos, 1402, AC.

François Thurand, régisseur, 1402—1406, AC.

Pierre, prieur, 1415, AC.

Jean Katy (Kate), prieur, 1421—1430, AC.

Georges de Morat régisseur, prieur de Saint Gilles, 1425—1441, AC.

Georges Brunerius, (le même que le précédent ?), 1433, BAC, Saint-Pierre, 1.

Jean Burckart, custos (dès 1413) puis prieur, 1434—1448, ib. 1 et 2 et AC.

Pierre Maleti, prieur, 1448 (?), AC.

Martin Granter, prieur (ensuite à Saint-Morand), 1449, AC.

Jean Lebartt, prieur, 1456—1458, Tr. V, 817 et AC.

Gerhart Pancata, proviseur, 1464, AC.

Berchtold Müller [3]), prieur, 1479, Billing, 55.

Morand Schott, administrateur, 1480, AC.

Jean Longie, aumônier de Payerne et proviseur de Saint-Pierre, 1513, AC.

Jacques Charpentier, doyen de Saint-Martin et administrateur de Saint-Pierre, 1525—1529, id.

Pierre Marligeri, proviseur (?), 1532, id.

Martin Fiertel, régisseur, 1545, id.

Jean Cheurodi [4]), proviseur 1512, prêtre 1520, doyen de Payerne, enfin prieur de Saint-Pierre et de Saint-Gilles de 1532 à 1571, id. et *Registrum* de 1777 *Collationes;* Billing, 77.

---

[1]) Le document mutilé ne permet pas de préciser davantage ces dates.

[2]) G. de *Tribus Vallibus*, de *Tréba*, dit Billing.

[3]) La phrase de Billing est ambiguë et laisse quelque doute.

[4]) Ou *Conradus* (Registrum 1776), Schouradi (BAC), Tschevrody (Billing).

Depuis l'union aux Jésuites, les supérieurs de
Saint-Pierre ont été :

Les PP. Jean Gousselin, 1698—12 juillet 1709. *Nec. avec notes
        notes du P. *Sommervogel*.
        Louis Jacquesson, 1709—1724.
        Charles-François Bzouard, 1712—1716.
        Christophe Ignace de Chilly, 1716—1717.
        Barthélemy Boulon, 24 décembre 1717—mars 1722.
        Gaspard du Bourg, 15 mars 1722—30 décembre 1724.
        Jacques Lamans, 20 janvier 1725 — 2 avril 1728.
        Gabriel Beaujour, 1728—novembre 1734.
        Nicolas de la Huffroye, 1er novembre 1732—janvier 1735.
        Antoine Grangier, 1735—mars 1737.
        J.-B. Cartier, mai 1737—23 avril 1739.
        Barthélemy Smackers, 1739—25 juillet 1742.
        Chales-Marie Baudot, 1742—1746
        Jean-Michel Krouss, 1746—1747 [4].
        Jean-Baptiste Lamblée, 10 mars 1747—octobre 1750.
        J.-B. Cartier, 15 octobre 1750—1752.
        François-Antoine Krouss [4], 1752—1765.

Prieurs de Saint-Gilles.

Guido, 1317—1338, *Siffel*. Dictionnaire topogr., 2e édition, p. 478
    et AC.
Georges de Morat, 1430—1445, BAC, pr. de Saint-Pierre, I et AC.
Jean Cheurodi, 1532—1571 [5], AC.

[1] Et non *recteurs*, le collège de Colmar n'étant pas un collège complet.
[2] Comme on le verra par la comparaison de deux sources, j'ai pu,
grâce à de bienveillantes communications de mon excellent ami le savant
bibliographe de la compagnie de Jésus, compléter notablement la liste
donnée dans Sifs., p. XI et XII.
[3] Ce célèbre Jésuite alsacien fut cette année-là appelé à Versailles
en qualité de confesseur de la Dauphine.
[4] Frère du P. Jean Michel. Les deux Krouss se retirèrent à Porrentruy pour y mourir, le premier en 1770, François-Antoine en 1776.
[5] En 1558 un ermite fut installé à Saint Gilles (AC).

II.

Sainte-Foi de Sélestadt.

Sainte-Foi est la plus ancienne église de Sélestadt. Fondé en 1094 [1] par Hildegarde de Hohenlohe-Hohenstaufen, ce monastère fut uni à l'abbaye-prieuré de Conques [2], en Rouergue, et devint ainsi lui-même une maison de l'ordre de Cluny [3]. L'église, qui existe encore, remonte en partie à cette époque reculée [4].

Le premier prieur fut Bertram. Herzog donne la liste de dix de ses successeurs. Nous la reproduisons, mais avec de formelles réserves. Au XV° siècle « le nombre des religieux étant beaucoup diminué, le pape Nicolas V donna le prieuré en commande, en 1452, au cardinal Olivier Caraffa. Pie III l'unit, en 1503, à la mense épiscopale de Strasbourg [5] ». La Réforme fit partir de Sélestadt les derniers Clunistes.

Enfin par lettres de novembre 1616, l'évêque Léopold d'Autriche donna Sainte-Foi aux Jésuites pour y établir un collège.

Les biens de ce prieuré étaient situés à Wittenheim, Orschweiler, Kinzheim, Fouchy, Burner, etc.

Après la suppression des Jésuites, l'église fut desservie par un prêtre séculier à la nomination de l'évêque de Strasbourg. Elle devint paroisse en 1805 [6].

Prieurs.

Bertram, 1095—1105, Grandidier-Liblin, II, 154.
Nibelo [7], 1170, Herzog, VII, 5.

[1] La date 1044, donnée par BEATUS RHENANUS et après lui par HERZOG, 7° livre, p. 4, et DORLAN, *Notice historique sur Sélestadt*, p. 13, et par plusieurs auteurs modernes, est évidemment fausse, comme il appert du texte même (cité cependant par eux) de la lettre de fondation, car la fondation est dite avoir été faite *sub Ottone Argentinense episcopo* (le propre fils de la fondatrice). Or Otton ne devint évêque de Strasbourg qu'en 1082.

[2] Cf. COSTE, Le monastère de Conques, *Revue d'Alsace*, 1861, p. 181.

[3] Un prieuré et non une abbaye : on se rappelle que, dans cet ordre, Cluny seul avait le rang d'abbaye : les autres maisons étaient toutes des prieurés.

[4] KRAUSS, I, p. 207. L'auteur donne cinq planches.

[5] GRANDIDIER-LIBLIN, II, 155.

[6] *État de l'Église d'Alsace*, par M. Schickelé, p. 194.

[7] Cette liste donnée, avec les dates, par Herzog, aurait besoin d'être contrôlée d'après les documents originaux conservés à Strasbourg : ce

Petrus, 1217, id.
Stephanus, 1258, id.
Maurus, 1281, id.
Miro, 1299, id
Hugo, 1335, id.
Hugo de Kariacho, 1356, id.
Johann von Bessalis, 1381, id.
Reimundus, decretorum licenciatus, 1400, id.
Bego, 1417, id.
Reimundus de Romegnaria, 1432, id.
Cardinal Caraffa, 1452, Grandidier-Liblin, II. 155.

Recteurs.

Henri Meschede, 1615—1617, P. Sommervogel [1].
Adrien Horn, 1617, id.
Jacques Baunach, 1624—1632 [2], id.
Jean Hompheus, 1632—1639, id.
Jean Strein, 1646, id.
Jenn Homphreus, 1648, id.
Jean Cremer, 9 février 1651, id.
Jean Gros, 14 mai 1654, id.
Augustin Bildstein, 31 juin 1657, id.
Henri Rhein, 21 juin 1660, id.
Philippe Barthélemy, 17 octobre 1663.
Frédéric Fuhrmann, 26 décembre 1667, id.
Adolphe Krausherr, 4 décembre 1670, id.
Guillaume Dängen, 23 janvier 1674, id.
Frédéric Holzmann, 18 février 1877, † le 28 septembre, id.
André Frev, mars 1678, id.
Georges Harläss, 16 mai 1680, id.
Gaspard Walter, 19 janvier 1685, id.
Philippe Willeman, 20 janvier 1688, id.
Georges Zölner, 1690—1691, id.
Adam Bischweiler, avril 1691, † le 21 septembre, id.
François Reuter, 1691—1692 (vice recteur), id.
Laurent Ostringer, 29 avril 1692, id.
Valentin Wolf, 26 juin 1692, id.
André Hugk, 20 janvier 1700, id.
Jean Willermin, 8 juin 1701, id.

que je n'ai encore pu faire. Peut-être aussi de nouvelles recherches dans
les archives du Bas-Rhin amèneront-elles la découverte de quelqu'autre
prieuré clunisien dans l'ancien diocèse de Strasbourg.

[1] Je dois encore cette liste à l'obligeance du P. Sommervogel, qui l'a
faite d'après les archives de la Compagnie et une Histoire manuscrite de
la maison.

[2] Dispersion du collège.

Paul Edmund, 3 février 1705, id.
Guillaume Dreis, 20 mars 1708, id.
Conrad Haan, 9 décembre 1717, id.
Joseph Cetti, 11 février 1721, id.
Nicolas Reeb, 10 mars 1724, id.
Georges Lossman, septembre 1726, † le 9 juillet 1727, id.
Ignace Michel, 1727—1729, id.
Nicolas Reeb, octobre 1729, id.
Ignace Michel, 30 décembre 1732, id.
Ignace Floris, 2 avril 1736, id.
Joseph Cetti, 19 août 1738, id.
Ignace Floris, 25 août 1741, id.
Ignace Michel, 17 octobre 1745, id.
Michel Gertner, 5 novembre 1748, id.
Dominique Brentano, 9 novembre 1751, id.
Pierre Wolf, 10 décembre 1756, id.
Ignace Michel, novembre 1759, id.
Pierre Wolf, 1762, id.
François Thomas, 1765, id.

III.

Froidefontaine (Kaltenbrunn) (CANTON DE DELLE).

« Sous la pieuse et habile direction de saint Hugues les bénédictins de Cluny se multipliaient en France et dans les pays voisins et ramenaient partout la ferveur des anciens temps [1]. » Saint Hugues était venu en personne à Altkirch vers le milieu du XIe siècle rendre visite au comte Louis de Montbéliard [2]. Dès lors s'établirent entre la maison de Montbéliard-Ferrette et le monastère de Cluny d'intimes relations, d'où résulta une série de fondations clunisiennes dans les domaines de ces pieux princes.

La femme de Thierry Ier, comte de Montbéliard, Bar et Ferrette, fils aîné de Louis, Hermentrude de Bourgogne [3], appela les moines en question à Froidefontaine [4] le 8 mars 1105 [5] pour y établir un prieuré qui paraît avoir été prospère jusque vers la fin du XVIe siècle. Totalement ruiné au commencement de l'invasion suédoise [6], le prieuré de Froidefontaine fut incorporé en 1636 au collège des Jésuites d'Ensisheim. Lors de leur suppression, Froidefontaine fut uni au collège de Colmar.

Le livre-terrier du prieuré a été publié [7]. A la fin du siècle dernier le collège de Colmar tirait des biens de Froidefontaine près de 12,000 livres de revenus [8].

L'église, en partie ancienne, de Froidefontaine, sert aujourd'hui d'église paroissiale et les bâtiments du prieuré, en partie du moins, de presbytère [9].

[1]) HANAUER, *Revue catholique d'Alsace*, IV, 2.
[2]) FUHSE, *Der heilige Morand*, p. 26. Cf. *Revue d'Alsace*, 1850, 401.
[3]) QUIQUEREZ, *Les comtes de Ferrette*, 11.
[4]) Où existait une chapelle en l'honneur d'un moine irlandais, saint Mainboeuf, martyrisé vers 690 à cet endroit *prope frigidum fontem*. Cf. DUVERNOY, *Ephémérides du comté de Montbéliard*, p. 309, et VIELLARD, op. infrà cit., p. 71.
[5]) BAQ, E. 3065. Cf. aussi Léon VIELLARD, *Documents et mémoire pour servir à l'histoire du territoire de Belfort*. Besançon, 1884, in-4°, page 169, doc. 121. — Tr. II, 487; III, 73 et 787; IV, 106 et 914.
[6]) BARDY, note dans les *Monuments historiques d'Alsace*, II, p. 101.
[7]) *Revue d'Alsace*, 1868, p. 404 à 425.
[8]) Inventaire des biens du collège de Colmar en 1788. Collection Ingold.
[9]) *Revue d'Alsace*, 1871, p. 172.

Prieurs.

Richard, 1141, Tr. II, 709.
Richard, 1345, Tr. III, 832.
Jean de Pyno [1]), 1468—1492, BAC, E. 3065 et Tr. V, 611 et 881.
Philippe-Jacques d'Andlau, chanoine de Bâle, 1526, BAC. E. 3065.
Dom Pierre Dorothée, mansionnaire [2]), 1586, BAC, E. 3065.
Jean Dovos [3]), 1587, BAC, E. 3065 et Monum. historiques II, 103.
Bernardin Rousti (?) protonotaire apostolique, 1613, BAC (carton
    Feldbach, Froidefontaine A et B).
L'abbé de Lucelle, 1622, id.

[1]) Ou Dupin. Il était aumônier de l'empereur Maximilien.

[2]) Nommé par le vicaire général de Cluny, « parce qu'i ln'y avait en ce
moment à Froidefontaine ni prieur ni communauté ».

[3]) En même temps prieur de Feldbach. Cf. une lettre autographe de
lui du 23 novembre 1586 (BAC, E. 3065).

IV.

Saint-Morand d'Altkirch.

Frédéric Ier, comte de Montbéliard-Ferrette, *impatienter ferens Altkirchensem ecclesiam a Simoniacis possideri* [1], à l'exemple de sa pieuse mère qui venait d'établir le prieuré de Froidefontaine, appela les Clunistes dans la collégiale fondée à Altkirch par ses ancêtres. L'acte de cession qui est du 5 juillet 1105 [2], fut confirmé par Pascal II le 8 février 1107 [3].

Les premiers moines arrivés à Altkirch ne pouvant rendre de services à cause de leur ignorance de la langue allemande, saint Hugues y envoya bientôt un religieux originaire des bords du Rhin. Ce religieux qui devait être le véritable fondateur du monastère et lui donner son nom, est celui-là même que toute l'Alsace honore encore aujourd'hui sous le titre d'apôtre du Sundgau, le grand saint Moran ! [4].

Miraculeusement préservée lors du passage des bandes d'Enguerrand de Coucy [5], l'église de Saint-Morand ne devait pas échapper aux ravages des Armagnacs; mais elle fut bientôt reconstruite et fortifiée par le prieur Martin Grauter. Moins d'un siècle après, les Rustauds soulevés par la Réforme mirent à sac l'église et le prieuré que restaura magnifiquement Pierre Gavan [6].

Au XVIIe siècle, l'archiduc Léopold unit le prieuré de Saint-Morand aux Jésuites de Fribourg qui le conservèrent jusqu'à leur suppression, malgré les efforts que firent les Bénédictins pour rentrer en possession du prieuré « usurpé par les Jésuites sur l'ordre de Saint-Benoît » [7]. La curieuse et longue histoire de ces contestations, celle de la restauration bénédictine après le départ des Jésuites, et ce que l'on sait des der-

---

[1] Annales O. S. B. IV, p. 477.
[2] Tr., I, 245.
[3] Id., I, 228. Cf. encore p. 235.
[4] Cf Fuchs, op. cit. — Tr. I, p. 218; Actes de Saint-Morand.
[5] Bollandistes, XX, p. 312 (II, § 18).
[6] Krauss, II, 5.
[7] *Lettre d'Alsace au sujet des Jésuites*, 1765. Plaquette in-12 (S. l. n. d.) de 7 pages.

niers temps du prieuré a été trop bien raconté[1] pour qu'il y ait lieu de le redire ici. Ajoutons seulement, ce que savent la plupart de nos lecteurs, qu'une magnifique église a été récemment élevée sur le tombeau de l'apôtre du Sundgau[2].

Le prieuré de Saint-Morand, qui possédait douze cours colongères[3], était collateur de l'église paroissiale d'Altkirch[4], de Riespach, de Montreux-Vieux, etc.

Prieurs[5].

Constance, 1105, charte de fondation.
Saint-Morand, † 1115.
Rudolphe, 1144, T. II, 700.
Chuno, 1184—1210, T. I, 395, 457.
Frédéric de Ferrette[6], vers 1257, Quiquerez, p. 78—79.
Cuno, 1287, T. II, 450.
Jean de Wilgdcheim, 1312—1346, Hanauer[7], p. 5.
Nicolas de Bamarch, 1391—1397, id.
Jean de Beaumott, 1397, T. IV, 607.
Ulrich Schweighuser, 1403—1416, BAC, Saint-Morand, 3611.
Jean d'Artdorff ou de Luceria, 1426—1444, Hanauer, 6.
Martin Granter (de Colmar), 1451—1483, BAC, Saint-Morand I, 7.
    T. V, 817, 876.
Gottfried Münss ou von Gach (coadjuteur du précédent depuis 1471),
    id. 3611.
Henri de Réguisheim 1484, id. 17.

[1] Par mon excellent et vénéré maître et ami, M. le chanoine Hanauer, dans la *Revue catholique d'Alsace*, 1862. p 1 et sq. — Cf. BAC, fonds Saint-Morand (fort bien classé), dans la boîte I, liasse 3, un historique de Saint-Morand très intéressant.

[2] Cf. la *Revue nouvelle d'Alsace-Lorraine*, première année, p. 153. Le dessin, joint à cet article, ne représente pas l'église telle qu'elle a été exécutée, mais on la trouvera, avec une vue ancienne, dans le *Passe-Temps*, 3e année, 1892. p. 22.

[3] Hanauer, ib., p. 449.

[4] Non sans contestation de la part de la ville, dit Tr., V, 98. Cf. Goutzwiller, *Le comté de Ferrette*, p. 14, et Quiquerez, op. cit., p. 15. — Les bénédictins avaient fondé une école dans leur prieuré. Cf. Tr. III, 613, et Moornauyra, *Beiträge zur Geschichte der Stadt und Herrschaft Altkirch* (impr. Bahrer, 1878), p. 5 et sq.

[5] Avant les Clunistes, la charte de 1105 mentionne *Reinbaldus* comme prévôt du chapitre.

[6] Fils aîné d'Ulrich Ier.

[7] *Revue catholique d'Alsace*, 1842. M. Hanauer, bien qu'il n'indique pas d'une façon précise les sources, a pris très exactement ~~ses renseigne~~ments sur les documents des archives du Haut-Rhin. J'ai recours à son témoignage chaque fois que le document original m'a échappé dans mes propres recherches aux archives.

Jean de Pyno (auparavant prieur de Froidefontaine, 1490—1500), id. 36/11.

Jean-Jacques de Morimont (avec Jacques Frieg comme administrateur depuis 1518), 1513—1530, id. 17.

Henri Goldelin, de Constance, 1500—1523, Bollandistes [1]), p. 347.

Pierre Gavan, 1523—1528, BAC Saint-Morand, 6 et 36.

Jean Burcard, 1532—1534, Roll. ib.

Jean Talleri [2], 1540, id.

Philibert Possinot, ancien recteur du collège de Dôle, 1518, BAC, Saint Morand 45/1.

Jean de la Jaucbère, ancien prieur de Bonval 1551—1557, BAC, Saint-Morand, 18 et 45/1.

Pierre Gorre (I), ancien custos de Saint Morand, 1560, † le 12 février 1573, ib. 24/2.

Hugues de Grammont, coadjuteur dès 1570, 1573—1578, ib. 6 et 36/12.

Nicolas Vieille [3], 1581—1586, ib. 36/12.

Cardinal André d'Autriche [4]), 1586—1600.

Philibert de Caron	compétiteurs de 1600 à 1618, ib. 17
Pierre Gorre II [5])	et 24/2. Cr. Hanauer, p. 9 et BAC,
Ferd. Lang de Langenfeld	C 9/5.

Jean-Paul Windegg [6]) 1618—16 0, BAC, Saint Morand, 42/2, n. 10.

Jean Maubardt, jésuite, 1622, BAC, Saint-Morand, 36/11.

Jean Reiseisen, 1629, ib. 24/2[7]).

Martin, abbé d'Ebersmunster, 1629, ib.

Martin Brutscher (?), jésuite, 1630, BAC, Saint-Morand, 36/11.

Dom Schualler, 1651—1655, ib. 13 et Hanauer, p. 10.

Wunibald Leuchselbring [8]), jésuite, 1661—1662, BAC, Saint-Morand, 24 et 36.

Reiser, 1669—1672, ib. 13.

Saltzmann (?) 1674—1680 [9])

---

[1]) M. Hanauer doute un peu de l'exactitude des dates données par les Bollandistes (p. 7). Aussi je ne les citerai que faute d'autres sources.

[2]) Custos de Saint-Morand dès 1513 (BAC, Saint-Morand, I, 7), il fut, disent les Bollandistes, *bis a generali capitulo constitutus visitator ordinis*. En 1541, l'administration de Saint-Morand lui fut enlevé et donné au prieur de Feldbach.

[3]) Custos dès 1560 (BAC, Saint-Morand, 36/12); prieur de Saint-Morand de Ribeauvillé, puis en même temps que prieur d'Altkirch, abbé de Valdieu. (Ibid.)

[4]) Avec le prieur d'Enschingen, Vallot, comme administrateur. (Ibid.)

[5]. Qu'il ne faut pas confondre avec son homonyme de nom et de prénom du siècle précédent. Ce second Gorre, qui fut aussi custos de Saint-Morand, mourut en 1618 ou 1619 et fut enterré à Enschingen. (BAC, fonds Saint-Morand, 22/2).

[6]) Theologiæ Doctor und der selbigen Professor zu Freyburg in Brisgau.

[7]) Successeur de Pierre Gorre II, d'après une pièce du fonds Saint-Morand, 24/2.

[8]) Désormais, jusqu'à dom Thode, les prieurs seront des Jésuites.

[9]) Conjecture d'après les *Mémoires de deux voyages et séjours en Alsace, 1674 et 1681*, publiés par la Société historique du musée de Mulhouse, 1898. Pages 121 et 205.

Joan. Demess, 1680, ib. 3641.
François Marimont, 1688, Bollandistes [1]), p. 539
Henri Possardt [2], 1706—1717, P. Sommervogel et Fonds Saint-
    Morand, 36.
Paul Preiss, 1717 – 1720, P. Sommervogel et Fonds St-Morand, 36.
Pierre Schöller, 1722.   »   »
Conrad Roppach, 1724,   »   »
Fr. X. Schmeiber, 1727.   »   »
Conrad Roppach, 1731.   »   »
Simon Wuspiliat, 1738,   »   »
Florian Rieden, 1713,   »   »
Franc. Gaciav, 1745,   »   »
Joseph Castella, 1745   1761,   »   »
Dom Tirode, 1761—1772, Hanauer, p. 11.
J.-B. Mirard Dufour, 12 janvier 1775 – 1777, BAC, Saint Morand, 17.
Marc-Louis Arnonlt, 1778, † 1782, ib. 13.
J.-B.-Martin Lazosky, 24 novembre 1782, ib.

    1) Qui furent par lui *humanissime invitati habitique*.
    2) A partir de cet endroit, les noms des recteurs jésuites nous ont été
fournis par le P. Sommervogel.

Parmi les églises et domaines donnés en 1105 à Saint-
Alban par Bourcard d'Asuel, évêque de Bâle, figurait l'église
de « Bozinsheim *cum suis appendiciis*[1]. Saint-Alban fut uni
à Cluny en 1105 avec toutes ses dépendances; dès lors Biesheim devenait un prieuré clunisien[2].

En 1184 l'évêque Henri de Horbourg restitua aux moines
de Cluny le prieuré de Biesheim que, *adulterinis successoribus
circumventus,* il leur avait enlevé peu auparavant[3].

La chronique de Berler[4] parle d'un pèlerinage en l'honneur de saint Jean-Baptiste qui de Rouffach avait été trans-
féré à Biesheim et là avait, par la négligence des moines, disparu également[5].

Il ne reste rien ni du prieuré ni de l'ancienne église[6].

Prieurs.

Heimerus, 1154, Tr. I. 327.
Gottfried. 1184, Ais. diplom. I. 281.
Brand. 1183, Tr. V. 576.

---

[1] Tr. I, 216.
[2] Ibid., 326, acte de 1154 où figure le *prior de Bussisheim.*
[3] Ibid., 392. Cf. encore 121, 136.
[4] Dont il ne reste, comme on sait, que les fragments publiés dans le
Code historique et diplomatique de la ville de Strasbourg, t. II.
[5] Loc. cit, p. 100. Berler a écrit sa chronique entre les années 1510
et 1520.
[6] Krauss II. 41 « Gänzlich verschwunden » — Les évêques de Bâle
avaient un château à Biesheim. (Annal. Domin. de Colmar, p. 89.)

VI.

Thierenbach (CANTON DE SOULTZ).

L'histoire de ce célèbre prieuré clunisien, le pélerinage de la Vierge le plus fréquenté du Sundgau [1]), a été écrite plusieurs fois et tout récemment par M. Gasser [2]). Nous rappelerons seulement ici que fondé vers 1130 à l'instigation de Pierre le Vénérable [3]) et uni à Cluny, le prieuré de Thierenbach se développa rapidement. A l'époque de la guerre des Rustauds, puis de celle de Trente ans, Thierenbach partagea le malheureux sort de la plupart des établissements religieux de notre Alsace ; et à la fin du XVIe siècle les revenus du prieuré ayant presque totalement disparu, les religieux de Cluny en abandonnèrent l'administration au monastère plus voisin de Saint-Mont de Remiremont, de la congrégation de Saint-Vanne et Saint-Hydulphe, qui y envoya quelques religieux. En 1692 Cluny rentra en possession de Thierenbach qui se releva de ses ruines : église et monastère furent rebâtis, et la maison unie à la province clunisienne de Franche-Comté et plus spécialement à la maison de Saint-Pierre-de-Vaucluse, resta florissante jusqu'à la Révolution. Son histoire moderne est connue de tous.

Prieurs [4]).

Guido [5]), 1284—1294, Tr. II, 390 et 563.
Ulrich, 1304, *Mossmann*, cart. de Mulhouse, I, 105.

---

[1]) Vicomte de Bussierre, Culte et pélerinages de la Très-Sainte Vierge en Alsace, p. 323.

[2]) Colmar, Baillé, 1880. (Extrait du *Touriste en Alsace*, où l'on trouvera des gravures concernant Thierenbach. Cf. aussi les vues de Rottmüller.) — On me permettra de mentionner l'opuscule, plusieurs fois réimprimé et traduit en allemand, de mon père, dont M. Gasser dit qu'il est rédigé « avec beaucoup de talent ».

[3]) BAC, fonds de Thierbach, D, 1 - 8. Ce fonds, très riche, comprend non deux dossiers, comme le dit M. Gasser, mais douze volumineux cartons que j'ai parcourus avec le plus vif intérêt et d'où il serait facile d'extraire une intéressante et complète histoire de Thierenbach.

[4]) Comme on pourra le voir, cette liste est bien plus complète que celles données jusqu'à présent.

[5]) Jusqu'au XVIe siècle il y a peu de renseignements, les archives anciennes ayant disparu une première fois pendant la guerre des paysans, d'après Berler (Code II, 20), puis lors de l'incendie du Saint-Mont, dit D. Devillers.

N...[1], 1314, Tr. III, 696.

Boucard de Diesse, 1555, Tr. IV, 664.

Hugues de Porrentruy, 1560, Tr. 639.

Dom Jean Michaut, religieux de Saint-Morand, 1555, 14 février, Mémoires de D. Devilliers[2].

Martin Courbat[3], 1575—1584, Mémoires de D. Devilliers.

Adrien Cornat, 1588—1613,

Etienne Bisantz, 1630.

Lucian Lescuier, 1645,

Paul Wilhelm, prieur de Saint-Valentin de Rouffach et vicaire général de l'ordre de Cluny[4]. Mémoires de D. Devilliers et Fonds Thier. C, 1 et 2.

Benoit Pirot, 1653, Mémoires de D. Devilliers.

Jean Lambinet[5], religieux de Saint-Valentin, 1656—1664, 6 mars, Mémoires de D. Devilliers.

Theodore Camus, 1668, † en 1671, Ibid.

Romaric, 1671, Ibid

Benoit Pirot, 1674, Fonds Thier., B. 4.

Romaric, 1680, Ibid

Romain Colson[6], sous-prieur de Saint-Mont, 1685—1691, Fonds Thier., A, 1—4; C, 1—2.

Grégoire Colet[7], Mémoires de Devilliers.

Emilian Philipp, 1692, Ibid.

Constance Chassignet[8], prieur titulaire, 1692 à 1730, Ibid.

Claude Wuillerme, religieux de Dôle, prieur titulaire, 1730, Ibid.

Pendant et après ces deux prieurs *titulaires*, nous trouvons les prieurs *claustraux* suivants:

Boniface Chassignet, 1692—1697, Mémoires de D. Devilliers.

Antoine Devilliers, 1697, Ibid.

[1] M. Gasser l'appelle Guidon, mais Trouillet ne le nomme point.

[2] Ces précieux mémoires, que M. Kraus croit perdus, sont conservés dans le carton D, 1—3. La liste de Dom Siffert, note 2, les attribue par erreur à Dom Calmet dont il y a seulement une lettre autographe (même carton), publiée plusieurs fois, notamment dans la *Revue nouvelle d'Alsace-Lorraine*, VI, p. 81.

[3] Appelé aussi Zurbuch. (Fonds Thierb., C, 1 et 2.) Ce religieux ainsi que les dix suivants étaient de la congrégation de Saint-Vanne, des maisons de Saint-Mont, de Munster ou de Rouffach. (Dom Devilliers.)

[4] Quoique bénédictin d'une autre congrégation.

[5] Et non Lambelet (Gasser). On trouvera encore d'autres différences notables entre les noms donnés par d'autres auteurs et ceux de ma liste reproduite d'après les documents originaux.

[6] On a souvent confondu ce prieur avec son prédécesseur.

[7] M. Gasser indique avant ce prieur les Pères Bock et Richard dont je n'ai pas trouvé trace.

[8] C'est de nouveau un Chaniste et désormais les prieurs le seront tous. Il y eut à ce moment compétition de la part d'un sieur Delot, chanoine de Saintes, qui avait obtenu une bulle de provision du pape Innocent X. Le procès dura jusqu'en 1677 et fut gagné par les Chanistes.

Albert Chassignet, 1699, Ibid.
Alphonse Deprés, 1700, Ibid.
Hilaire Lengroinguet, 1702, Ibid.
A. Devillers, 1703—1704, Ibid.
Pouquet, 1707, BAC, Fonds Thierb., A. 1—4.
Hilaire Lengroinguet, 1709, Mémoires de D. Devillers.
A. Devillers, 1713, Ibid.
Alphonse Deprés, 1715, Ibid.
A. Devillers, 1717, Ibid.
Etienne Regeand, 1719, Ibid.
A. Devillers, 1721, Ibid.
Paul Perrin, 1727, Ibid.
Devillers, 1728, † en 1729.
Constance Chassignet, 1729, BAC, Fonds Thierb., B. 4.
Bernard Fert, 1730, Ibid.
Etienne Regnault, 1731, Ibid.
C. Willerme, en même temps que prieur titulaire, 1732—1735, Ibid.
Etienne Regnault, 1735, ibid.
Hugues Dieulefit, 1739—1742, Ibid.
Claude Wuillerme [1]), 1742—1748, Ibid.
Hugues Dieulefit, 1748, Ibid.
Ardiet, 1759, BAC, Fonds Thierb., E, 1 et 2.
Charles Besson, 1765—1770, Ibid.
Chrétien Sutter, 1775, Ibid.
Joseph Etienne Holder [2]), 1789—1791, Ibid.

[1] M. Gasser nomme, pour 1753, le P. Joseph Willerme. Mais il ne fut, je crois, que sous-prieur.

[2] Le P. Georges Holder était mort à Thierenbach le 17 décembre 1790. Celui-ci (son frère ?), le dernier prieur a été accusé d'avoir prêté le serment schismatique, puis de l'avoir rétracté. Or, voici ce qu'il déclara le 17 mai 1791, ainsi que Dom Schmidt, le seul religieux qui restait avec lui à Thierenbach : « a dit et déclaré qu'il ne peut reconnaître M. Arbogaste Martin pour évêque légitimement élu, qu'autant que sa nomination soit agréée et confirmée par l'Eglise... et jusque-là il ne saurait accepter ni ordre ni administration que mondit sieur Arbogast Martin pourrait ou voudrait lui confier. » Le P. Holder (d'après Frayhlé, p. 197), émigra ; puis après la Révolution, se retira à Merxheim où il mourut en 1814. Il n'est pas hors de propos de rappeler ici ce que j'écrivais en 1884 : « De tous les serments exigés pendant le cours de la Révolution, le seul dogmatiquement condamné, vraiment schismatique et qu'on ne pût prêter sans forfaire est celui du 27 novembre 1790... D'après M. Emery les serments des 14 août, 3 septembre 1792, 21 février 1790 et 29 septembre, et enfin du 27 décembre 1799 pouvaient être légitimement prêtés. M. Emery disait à ce sujet ces paroles dignes de remarque : « Malheureusement il y a tant d'ecclésiastiques qui n'ont pas seulement les premières notions du droit des gens et du droit politique. » Revue de la Révolution, p. 83.)

VII.

Saint-Nicolas-des-Bois ou de Rougemont

(CANTON DE GIROMAGNY).

On avait cru jusqu'ici, sur la foi de Schœpflin suivi par le torrent des auteurs, et sans s'arrêter sur les invraisemblances qui ressortent de l'examen des dates [1], que Saint-Nicolas avait été fondé en 1193 par Frédéric de Ferrette, le fondateur de Saint-Morand, et l'un de ses frères, Renaud de Bar. M. Léon Vieillard [2] a découvert qu'il y avait confusion entre Saint-Nicolas-des-Bois et Saint-Nicolas-de-Meroux, et croit que le premier de ces deux prieurés, celui seul dont nous avons à nous occuper ici, a eu pour fondateur le célèbre Pierre l'Ermite [3].

Vers la fin du XIe siècle [4], Giraud d'Alinges donna à Saint-Robert de Molesmes la maison de Saint-Nicolas, dont la possession fut confirmée à Molesmes par une bulle d'Eugène III, datée de 1145 [5]. Diverses donations [6] vinrent successivement accroître le domaine de ce prieuré dont l'histoire est peu connue.

---

[1] La date de Schœpflin, 1193, est impossible, non seulement parce que, comme le remarque Trouillat (II, 712), les deux fondateurs auraient vécu cent ans, mais parce que l'un des deux au moins, Frédéric, était mort depuis plus de trente ans. (Avant 1160, Quiquerez, p. 15). De plus S. Robert était mort en 1108 ou 1111. La date de 1096, proposée par la *Revue d'Alsace*, 1871, p. 273 et M. Vieillard (p. 151) conviendrait pour S. Robert, mais les parents des deux fondateurs ne s'étant mariés qu'en 1076, Frédéric et surtout Renaud, leur sixième enfant (Quiquerez, table 1) eut été bien jeune pour faire cette fondation. M. Zimberlin donne la date de 1130 (*Revue catholique d'Alsace*, I, 319) qui ne convient pas mieux, à cause de la date de la mort de S. Robert. On voit combien tout cela est incertain.

[2] Dans ses *Documents et mémoires pour servir à l'histoire du territoire de Belfort*, Besançon, 1884. Ce bel ouvrage est le Trouillat de la partie de l'Alsace restée française.

[3] L'identification du *Petrus eremita* de la charte trouvée par M. Vieillard dans le *Cartulaire de Molesmes* (Archives de la Côte-d'Or) n'a pas été acceptée universellement.

[4] M. Vieillard donne la date de 1094; la *Société de l'Orient latin* celle de 1100.

[5] VIEILLARD, ib., p. 241.

[6] Cf. Tr. II, 712, 713, 714, 721 (d'après un cartulaire de l'évêché de Bâle).

En 1630 Saint-Nicolas fut donné [1] aux Jésuites d'Ensisheim ainsi que la chapelle de Sainte-Madeleine [2] qui en était éloignée d'une demi-lieue. Peu de temps après, en décembre 1632, le prieuré fut détruit par l'armée suédoise.

A la fin du XVIIIe siècle les revenus de Saint-Nicolas avec ceux de la Madeleine étaient de près de 5000 livres [3].

Prieurs.

Guy de Faugny, avril 1453, Tr. V. 407.
Philippe de Thurrenthan, 1461, BAC, Saint-Morand, 3.
Claudius Lion, 1597, Ibid.

---

[1] Par l'archiduchesse Claudia, veuve du 85e évêque de Strasbourg, et non par celui-ci, en 1630 (Schœpflin, V, 351). Cf. BAC, carton C, 107.

[2] On croit qu'il exista autrefois à cet endroit un couvent de bénédictines qui portait le nom de Val-des-Anges. (SCHŒPFLIN, V, 351.)

[3] Inventaire, de la collection de M. Ingold père. Cf. dans le carton E 8065 (aux BAC) nombre de pièces sur Saint Nicolas et Sainte-Madeleine avec plusieurs plans.

VIII.

Feldbach (CANTON DE HIRSINGEN).

C'est encore à Frédéric Ier de Ferrette que l'on doit la fondation, en 1144 [1], du prieuré de Feldbach, pour des moines et des religieuses. Ces dernières disparaissent au XVe siècle [2], à la suite des dévastations commises par les Armagnacs qui brûlèrent le prieuré le 29 avril 1445 [3]. A partir de ce moment le prieuré paraît avoir eu à sa tête un simple administrateur, qui fut un moment l'abbé de Lucelle. Enfin l'archiduchesse Claudia, en 1636 [4], le donna aux Jésuites d'Ensisheim, mais non sans réclamations de la part des Bénédictins qui, en 1651, après la paix de Westphalie, rentrèrent en possession de Feldbach [5]. Dès 1661 cependant les Jésuites sont rétablis à Feldbach [6]. A leur suppression le collège de Colmar devint possesseur [7] des biens de l'ancien prieuré dont, à la fin du XVIIIe siècle on tirait près de 14,000 livres de revenus [8].

L'église romane, aujourd'hui paroisse, est un des plus beaux monuments de notre Alsace [9]. La crypte était le Saint-Denis de la maison de Ferrette : 13 comtes et comtesses de ce nom y ont été inhumés [10].

Prieurs.

Burchardus, 1144, T., II, 705.
Petrus, 1258, T. I, 653.
Stephan von Luen von Bisantz, 1433, BAC, Fonds Feldbach, carton, 6.
Jean Dorotello, 1473, Ibid., carton, 1.
Peter von Kettenheim, 1477, Tr. V, 862.

[1] Tr. II, 707. Cf. GOURZVILLER, op. cit., p. 15, et Tr. III, 690 et 795.
[2] BUCHINGER, Epitom. hist. Lucell., p. 237.
[3] FUNK, *Hirsingen*, p. 163.
[4] BAC, liasse C, 107.
[5] QUIQUEREZ, *Revue d'Alsace*, 1867, p. 172.
[6] Par un brevet de Louis XIV. (BAC, liasse C, 107). Cf. Trouillat, Pouillé, V, p. 100.
[7] Un arrêt du Conseil du roi avait cependant rendu Feldbach à Cluny. Cf. HANAUER, *Revue d'Alsace*, 1863, p. 10 et note 3.
[8] Inventaire des biens de Saint-Pierre, collection Ingold.
[9] KRAUS, op. laud., II, 88—90, qui en donne trois dessins.
[10] SEB. MÜNSTER, *Cosmogr.*, III, p. 632. Cf. FUNK, *Hirsingen*, 55—56 et *Mittheilungen der Benedict. und Cister. Orden*, 1890.

Conrad Hyttelin, 1485—1591, BAC. Ibid., 1 et C.

Jean Dovos, 1586, BAC. Fonds Saint-Morand, I. 7 et E. 3065.

Jean Dorothée, évêque de Lausanne et abbé de Cluny, 1602, Ibid., Fonds Feldbach, 1.

Nicolinus, en même temps prieur de Chaux-sur-Doubs [1], 1602 (12 janvier) — 1632, Ibid., 1 et D, 1—4.

Paul Wilhelm [2], prieur de Saint-Valentin, 1653, Ibid., Fonds Thierb. C, 1 et 2.

---

[1] En 1610 Nicolin fut autorisé à résider à Chaux, car il n'y avait plus de communauté à Feldbach. (BAC, fonds Feldbach, 1, et C, 107).

[2] Le même que nous avons trouvé comme prieur de Thierbach (p. 21). Après lui, les Jésuites, tranquilles possesseurs du prieuré, l'administrèrent par des curés dont Fersk, op. cit., p. 166, donne la liste.

IX

Enschingen (CANTON D'ALTKIRCH).

La liste préparatoire de Dom Siffert n'indique pas ce prieuré que nous trouvons mentionné dès 1146 [1] parmi les possessions de Saint-Alban de Bâle [2]).

En 1340 le prieur d'Enschingen fut choisi comme arbitre par celui de Froidefontaine dans un différend que celui-ci avait avec l'abbé du Lieu-Croissant [3]).

En 1477 Gottfried Münss, prieur d'Enschingen, est donné comme coadjuteur à Martin Granier, prieur de Saint-Morand: ce qui amène l'union des deux prieurés, peu éloignés du reste l'un de l'autre [4]).

A l'époque de la Réforme, le village fut pris et les moines ayant, dit-on, adopté les idées nouvelles, abandonnèrent le prieuré, qui fut ensuite donné aux Jésuites [5]) et dont une chapelle aurait encore existé jusqu'en 1848 [6]).

Prieurs.

Gottfried Münss, 1477, Tr. V, 863.
Jacques Frieg, 1518, *Hanauer*, op. cit., p. 7.
Pierre Gorre, custos de Saint-Morand, 1560, † en 1573, BAC.
    Fonds Saint-Morand, 24/2.
Christophe Vallot, 1585, Hanauer, op. cit., p. 3.
Pierre Gorre II, aussi custos de Saint-Morand, 1618—† 1619,
    BAC, Fonds Saint-Morand, 24/2.
Jean Reiselsen, 1629, Ibid.

[1]) TROUILLAT, I, 298.
[2]) Cf. encore ib. I, 817, 827, 394, 436 et V, 190.
[3]) Tr. III, 787.
[4]) Ib., V. — [5]) HANAUER, loc. cit., p. 9.
[6]) KRAUSS, II, 76. — STOFFEL (op. cit.) cite (p. 141) une lettre de don du prieuré d'Enschingen en 1681 d'après un mss. *(Extrait des registres du Conseil souverain d'Alsace)* de sa collection que je n'ai pu consulter. J'ai inutilement parcouru les divers recueils d'ordonnances imprimées et un recueil manuscrit de la collection de mon père.

X.

Mésiré (CANTON DE DELLE).

Encore un prieuré inconnu à Dom Siffert [1]. Fondé en 1155 sous le patronage de saint Michel, il dépendait du prieuré de Lantenans, de l'ordre de Cluny [2]. Le droit d'advocatie de cette maison appartenait à l'évêque de Bâle depuis 1241, époque où il lui fut résigné par Bourcard d'Asuel [3]. L'évêque J.-Chr. de Blarer donna ce prieuré aux Jésuites de Porrentruy qui le faisaient desservir par le curé voisin de Charmouilles et le gardèrent jusqu'à leur suppression [4].

Prieurs.

Raynaldus, 1212—1221, Tr. I, 458, 472, 484.
Jehan, 1305—1310, Tr. IIr, 85, 167 et V, 719.
Guy de Vit, 1319—1323, Tr. III, 706 et 707.
Hugues, 1416, Tr. V, 745.
Johannsen Schneck, 1540, BAC, Fonds Saint-Morand, 247.

[1] Par contre D. Siffert mentionne Valdieu sur sa liste, sur la foi de Mgr. Vantrey. C'est, je crois, une erreur. Valdieu est toujours qualifiée d'abbaye dans les documents anciens et dépendait de la Chaise-Dieu en Auvergne et non de Cluny. Elle avait été fondée en 1260 par Agnès de Toul et fut unie en 1636 aux Jésuites d'Ensisheim. Cf. VEILLARD, op. cit., p. 473.
[2] Tr. Pouillé, V, 119.
[3] Ib., I, 557. Cf. encore I, 861; II, 189; III, 81, 255, 521, 550; IV, 663.
[4] Pouillé de Bâle, 119. Cf. aussi *Revue d'Alsace*, 1870—1871, p. 203.

XI.

Saint-Ulrich (CANTON DE HIRSINGEN).

On n'est d'accord ni pour la date de fondation de ce prieuré ni pour la désignation de l'ordre auquel il se rattachait.

Schœpflin donne pour la date de fondation l'an 1257[1], mais un acte de 1105[2] mentionne déjà un certain *Winetherius* de Saint-Ulrich[3] et si l'on conteste la qualification de religieux donnée à ce personnage par M. Fuess, il y a en tous cas un prieur positivement désigné dès 1208[4].

Quant à l'ordre dont dépendait les religieux de Saint-Ulrich, Schœpflin, suivi par Trouillat, Zimberlin et Fuess en fait des chanoines réguliers de Saint-Augustin. Stoffel[5] et Mgr. Vautrey[6] les croient clunistes. Krauss réunit les deux opinions et pourrait être dans le vrai en supposant que les Augustins ont succédé à des moines de Cluny.

Dès 1590 les Jésuites d'Ensisheim demandèrent à l'archiduc d'Autriche de laisser le prieuré vacant et de leur en donner les revenus[7]. Ils l'obtinrent définitivement en 1624[8].

Prieurs.

Reinhaldus, 1208, Tr. I, 446.
Reinbaldus (le même que le précédent ?), 1223, Tr. I, 489.
Gerardus, 1237, Tr. 547.
Girart (le même ?), 1266, Tr. II, 165.
Diepolt von Mörsperg, 1386—1392, BAC, carton Froidefontaine-Saint-Ulrich, 2.
Stephanus de Vasas, 1433—1437, Ibid.
André[9], 1464, Ibid., carton Varia.

[1] Trad. RAVENEZ, IV, 92 et V, 356.
[2] Et non 1205 comme a lu KRAUSS, II, 680.
[3] Tr. I, 223. Cf. FUESS, Hirsingen, 57.
[4] Tr. I, 446. Cf. encore II, 118, 491; V, 20.
[5] P. 482.
[6] Histoire des évêques de Bâle, I, 510.
[7] BAC, carton Cl. Regier. Ensish. Priorat Saint-Ulrich.
[8] STOFFEL, lb.
[9] D'après une expectative donnée par Sigismond, duc d'Autriche, à Jean-Jacques Kamrer, de Bâle.

Stephann Hæffelin, 1469, Ibid., 2ᵉ carton.
Johannes von Burch, 1515, Ibid.
Anton von Palmeta, 1524, Ibid.
Anthoine Perrenot, protonotaire, puis cardinal et archevêque de
    Besançon ¹), 1536—1581, Ibid., carton Feldbach-Saint-Ulrich,
    C 1—3 et D, 1—4.
Martin Mœckler von Balgheim, 1606, BAC, Reg. Ensish., Saint-
    Ulrich, C/1.
Rafaël Coradus, 1613, Ibid., C/2.
Jean-Renault Mechler ²), 1618—1620, Ibid., C/2.

   ¹) Le cardinal de Grandvelle eut pour administrateur de son prieuré
de Saint-Ulrich d'abord Jean Girdet (?), puis Thomas Surgant (BAC, cartons Saint-Ulrich-Froidefontaine).
   ²) Ce dernier prieur eut un procès avec les nouveaux possesseurs, les
Jésuites, qui finirent par l'emporter.

XII.

Saint-Morand de Ribeauvillé.

Filiale de Saint-Morand d'Altkirch, cette maison clunisienne ne paraît remonter qu'au XIVe siècle [1]. On sait peu de chose de son histoire. Les troubles occasionnés par la Réforme dispersèrent les moines, et les bâtiments eux-mêmes furent presqu'entièrement détruits à l'époque des guerres suédoises [2]. L'église cependant subsista encore un certain temps à la charge des Jésuites de Fribourg, devenus possesseurs de Saint-Morand d'Altkirch. En 1657 un incendie la détruisit en partie [3]. Il y eut à ce moment un projet, qui n'aboutit point, de cession du prieuré aux Franciscains [4]. Enfin un décret de Guillaume de Rinck, évêque de Bâle, en autorisa la démolition totale en 1759 [5], et il ne reste plus aujourd'hui de Saint-Morand d'Altkirch qu'un pieux souvenir [6].

Prieurs. [7]

Frater Helias (Pfleger), 1319, *Albrecht* [8], I, 260.
Johans, 1346, Ibid., 450.
Joannes de Wilgothem (le même sans doute que le précédent), 1348—1356, Ibid., 512.

---

[1] Grandidier, fragments publiés par la *Revue d'Alsace*, 1891, p. 243. La chapelle existait déjà auparavant, car on a conservé (BAC, Saint-Morand, 442) une lettre d'indulgences de 1297. L'ancien nom de Saint-Morand de Ribeauvillé paraît avoir été *Wingelsheim* (Stoffel, p. 634). Cf. le nom du prieur de 1348 (*Wilgothem*).

[2] *Revue catholique d'Alsace*, I, 210.

[3] Bernard, Recherches sur l'histoire de Ribeauvillé, p. 272. — Cf. la lettre du curé Seckler de Ribeauvillé annonçant au P. recteur de Fribourg l'incendie de l'église (causé par la faute de Panzer le régisseur). Cette lettre curieuse débute ainsi : *Tristibus tristiora sunt quæ scribo*. En effet il y eut à cet incendie cinq ou six hommes blessés et un tué. (BAC, Saint-Morand, 442, no 11 et 452.)

[4] BAC, 452.

[5] Lettre de M. Pougnet (curé de Ribeauvillé) à Grandidier, p. p. la *Revue d'Alsace*, 1891, p. 251. — Pougnet, consulté par l'évêque, donna un avis favorable. (Collection Ingold.)

[6] *Revue catholique d'Alsace*, I, 210.

[7] Ils étaient nommés par le prieur de Saint-Morand d'Altkirch.

[8] *Rappoltsteinisches Urkundenbuch.*

Peter Matzerer (Pfleger und Probst zu Totwasser [1]), 1362, BAC,
    Saint Morand, 44/2 ; 1364, Albrecht, II, 5.
Jean Cræmer, 1421—1431, BAC, Saint-Morand, 44/2, N. 3.
Nicolas Karne, 1431, BAC, Saint-Morand, 44/2, N. 5.
Gerstasius Empertingen de Brisach, 1512, Grandidier, loc. cit.,
    p. 343.
Philibertus Muller (Molitor), 1517, Ibid., 44/1; † en 1548, Ibid.,
    45/1.
Jean Michault, 1548, Ibid., 45/1.
Nicolas de Mugna, custos de Lure, 1557, Ibid., 45/1.
Nicolas Vieillte [2]), 1572, Ibid., 44/2, N. 12.
Christophore Valot (custos d'Altkirch, puis prévôt d'Enschingen),
    1587, Ibid., 45/1.
Hans von Landenberg (?), 1598, Ibid., 45/7.
Jean-Paul Windeck (à la fois prieur de Saint-Morand d'Altkirch),
    1619, Ibid., 44/2, N. 10.

XIII.

Eberlinsmatt.

Un second prieuré clunisien [3]) existait dans les environs de
Ribeauvillé : c'est celui d'Eberlinsmatt, situé dans la petite
vallée de ce nom, près de Thannenkirch.

La chapelle fut consacrée en 1347 sous le vocable de saint
Benoît. Faute sans doute de revenus [4]), les religieux abandonnèrent ce prieuré à la fin du même siècle [5]) ou au commencement du suivant [6]).

Au XVe siècle quelques ermites desservaient la chapelle
dont il n'est plus question à partir du XVIe siècle [7]). De 1522
à 1524 on trouve comme administrateur d'Eberlinsmatt, en
même temps que du monastère voisin de Sylo, Othmar Weisser [8]).

[1]) Morteau, diocèse de Besançon.
[2]) Qui mourut prévôt de Saint-Morand d'Altkirch.
[3]) Zimmerlin (Revue catholique d'Alsace, II, 482) l'appelle, je ne sais
pourquoi, prieuré de l'ordre de Sainte-Claire.
[4]) Grandidier (Revue d'Alsace, 1899, p. 248.)
[5]) Idem.
[6]) Bouchard, op. cit., 270.
[7]) Schoepflin-Ravenez, IV, 263.
[8]) BAC, carton E, 1618.

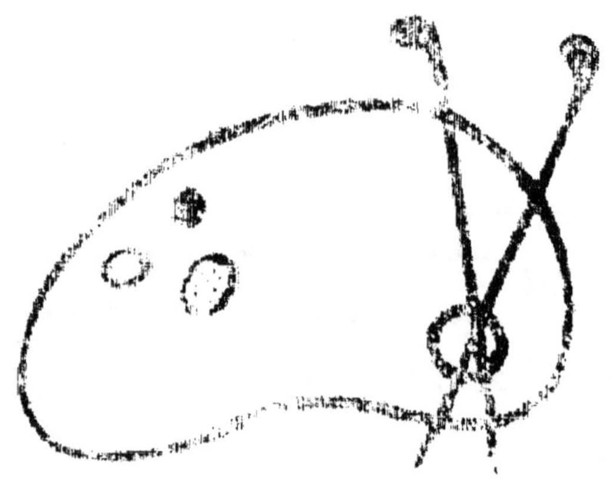